# Créer son entreprise



**Carine Sfez**

Consultante en création d'entreprise

**12e édition**

**2021**

prat éditions

L'auteur souhaite remercier :
Laurent Cohen, associé dans le cabinet d'expertise comptable « Expertise & Conseils », 9, rue des Pyramides, 75001 Paris, qui a accepté de relire le manuscrit avec le regard pertinent d'un professionnel, et son éditrice, pour ses conseils, ses encouragements et son professionnalisme, ainsi que toute l'équipe éditoriale des Éditions Prat.

Tous les ouvrages sont disponibles sur :
www.prat-editions.fr

Direction éditoriale : Anne-Laure Marie
Édition : Elvane Sahin
Relecture-correction : Nawshaba Imambaccus
Création graphique : Julien Josset
Composition : Marine de Percin
Crédits photos : © goodluz - Fotolia.com


206, boulevard de la République
92210 Saint-Cloud

ISBN 978-2-8095-1542-8
ISSN 1272-4955

Partant d'une intuition, d'une conviction propre, l'entrepreneur qui prend la décision de créer une entreprise s'impose un changement de vie radical et lorsqu'il concrétise son projet provoque un changement dans la vie des affaires.

Cette décision, qui doit à terme apporter une solution utile pour le marché et satisfaisante pour lui-même, ne peut exister sans être accompagnée. Seule, l'idée n'a pas de valeur. Elle a besoin de s'enrichir de l'expérience des autres et de nouvelles connaissances. D'une part, le créateur doit pouvoir adapter son idée à la demande de ceux qui vont payer : proposer un produit ou un service. D'autre part, l'entrepreneur devra trouver comment produire, vendre et accepter de gagner sa vie en ne faisant que cela…

Ainsi, il s'avère qu'avant d'être une affaire économique, la démarche de création d'entreprise est avant tout affaire de croyance et d'apprentissage.

De croyance, car les enjeux auxquels les créateurs d'entreprise se croient confrontés (réussir sa vie, imposer sa vision, se faire comprendre, accepter…) sont tellement forts qu'ils freinent, voire empêchent l'action et il faut alors les aider à les relativiser.

D'apprentissage, car c'est en accueillant la critique comme une proposition constructive que le créateur sera capable d'identifier des solutions raisonnées et robustes… À l'incubateur de Novancia, les professionnels que nous sommes passons beaucoup de temps et énormément d'énergie pour rassurer et maintenir cette envie d'apprendre…

En matière de création d'entreprise le résultat n'est jamais indépendant du chemin parcouru. J'oserai même écrire que c'est le parcours qui fait le succès et, ce faisant, la capacité du créateur à lire, à rencontrer des acteurs clés, à poser des questions, à chercher à comprendre à servir des intérêts et à trouver du plaisir à le faire.

J'espère donc que c'est avec ce même esprit de curiosité et d'intérêt pour ce que l'on ne connaît pas que les créateurs aborderont cet ouvrage pratique, simple et complexe à la fois. Ce guide riche qui apporte une vision nouvelle, celle d'une femme de terrain entrepreneure et accompagnatrice d'entrepreneurs.

*Joël Saingré*
*Fondateur de l'incubateur de Novancia*
*Incuba'School*

## LISTE DES ABRÉVIATIONS

**ACCRE** : aide aux demandeurs d'emploi créant ou reprenant une entreprise
**ACRE** : aide à la création ou à la reprise d'une entreprise
**ADIE** : Association pour le droit à l'initiative économique
**APEC** : Agence pour l'emploi des cadres
**ATI** : allocation des travailleurs indépendants
**BFR** : besoin en fonds de roulement
**BIC** : bénéfices industriels et commerciaux
**BNC** : bénéfices non commerciaux
**CA** : chiffre d'affaires
**CAF** : caisse d'allocations familiales
**CCI** : chambre de commerce et d'industrie
**CDD** : contrat à durée déterminée
**CDI** : contrat à durée indéterminée
**CET** : contribution économique territoriale
**CFE** : centre de formalités des entreprises
**CFE** : cotisation foncière des entreprises
**CGA** : centre de gestion agréé
**CGET** : Commissariat général à l'égalité des territoires
**CIPAV** : caisse interprofessionnelle de prévoyance et d'assurance vieillesse
**CIR** : crédit d'impôt recherche
**CM** : chambre des métiers
**CPF** : compte personnel de formation
**CPIR** : commission paritaire inter régionale
**CRITT** : centres régionaux d'innovation et de transfert de technologie
**DIRECCTE** : direction régionale des entreprises, de la concurrence, de la consommation, du travail et de l'emploi
**EBE** : excédent brut d'exploitation
**FNAL** : fonds national d'aide au logement
**IFI** : impôt sur la fortune immobilière
**INPI** : Institut national de la propriété industrielle
**INSEE** : Institut national de la statistique et des études économiques
**IR** : impôt sur les revenus
**IS** : impôt sur les sociétés
**NACRE** : nouvel accompagnement pour la création et la reprise d'entreprise
**PRCE** : prime régionale à la création d'entreprise
**QPPV** : quartiers prioritaires de la politique de la ville
**QPV** : quartiers prioritaires de la ville
**RCS** : registre du commerce et des sociétés
**RM** : répertoire des métiers
**RSA** : revenu de solidarité active
**RSI** : régime social des indépendants
**TVA** : taxe sur la valeur ajoutée
**URSSAF** : Union de recouvrement des cotisations de Sécurité sociale et d'allocations familiales
**ZFU** : zone franche urbaine
**ZRR** : zone de revitalisation rurale

# Table des matières